Anne Lind

UperfektPerfekt

Forlag: BoD – Books on Demand, Hellerup, Danmark

Tryk: BoD – Books on Demand, Norderstedt, Tyskland

ISBN: 978-87-4308-566-9

UperfektPerfekt

Vejen ud af perfekthedsfængslet

Velkommen til dig som har valgt forløbet Uperfekt Perfekt - vejen ud af perfekthedsfængslet.

Du har taget et modigt skridt, nemlig at gøre noget aktivt ved din tilstand.

Som du ved, har jeg selv været, hvor du befinder dig nu, så derfor ved jeg at du er begyndt på en vej som nu vil føre dig mange lykkelige steder hen. På vejen bliver der bump og tårer, men jeg er lige her. Jeg hjælper dig, så du hurtigst muligt også får et lykkeligt liv.

I denne bog vil der stå forskningsresultater og øvelser som udgør fundamentet for din proces. Bogen er årevis af viden og erfaring indenfor trivsel, og vejen dertil. Skriv i bogen, gør den privat og helt din egen. Find den frem hver gang du snubler og kom på rette kurs så du når i mål.

De kærligste hilsner Anne

Indholdsfortegnelse

Trin 1: Vejen ud af utilstrækkelighedsfølelsen

Måske er livet slet ikke som du først fortolkede det.

Det viser sig at 50 procent af vores lykke niveau er genetisk bestemt, de resterende 50 er bestemt ud fra dine reaktioner på livets oplevelser.[1]. Det vil sige at halvdelen af grunden til, at du går rundt og er glad eller bedrøvet, er fordi sådan er du født, den anden halvdel er bestemt af dine tanker, følelser og overbevisninger. Det er de sidste 50 procent vi skal arbejde med her i denne bog.

Lykke betyder ikke, at man aldrig har nedtur, eller at der ikke sker uventede eller ubehagelig ting i ens liv. Lykke betyder her, simpelthen bare:
· At have en følelse af lethed eller opdrift
· At føle sig levende, vital, fuld af energi
· At have en følelse af flow og åbenhed
· At føle kærlighed til sig selv og andre, at have medfølelse med sig selv og andre
· At gå lidenskabeligt op i sit liv og i sine mål
· At føle taknemmelighed og tilgivelse
· At være i fred med livet
· At være fuldkommen tilstede i nuet

For at måle hvor lykkelig du er lige nu skal du sætte ring om det tal som passer på dig. Med tiden kan du gå tilbage og se hvordan du gradvist bliver mere og mere grundglad.

1 – slet ikke sandt
2 – lidt sandt
3 – nogenlunde, nogen gange
4 – for det meste sandt
5 – absolut sandt

Jeg føler mig glad og tilfreds uden nogen bestemt grund

1   2   3   4   5

Jeg lever i nuet

1   2   3   4   5

Jeg føler mig levende, vital, og fuld af energi

1   2   3   4   5

Jeg oplever en dyb følelse af indre fred og velvære

1   2   3   4   5

Livet er et stort eventyr for mig

1   2   3   4   5

Jeg lader mig ikke slå ud af
dårlige situationer

1   2   3   4   5

Jeg er begejstret for de ting,
jeg gør

1   2   3   4   5

De fleste dage oplever jeg
latter eller glæde

1   2   3   4   5

Jeg har tillid til at alt nok
ordner sig

1   2   3   4   5

Jeg leder efter gaven eller
lektien i alt hvad der sker

1   2   3   4   5

Jeg er i stand til at give slip og
tilgive

1   2   3   4   5

Jeg holder af mig selv

1   2   3   4   5

Jeg ser efter det gode i alle
mennesker

1   2   3   4   5

Jeg forandre de ting jeg kan,
og accepterer de ting jeg ikke
kan forandre

1   2   3   4   5

Jeg omgiver mig med
mennesker, der støtter mig

1   2   3   4   5

Jeg giver ikke andre
mennesker skylde og
beklager mig ikke

1   2   3   4   5

Mine negative tanker
overskygger mig ikke

1   2   3   4   5

Jeg har en general følelse af
taknemmelighed

1   2   3   4   5

Jeg føler mig forbundet med
noget der er større end mig

1   2   3   4   5

Jeg har en følelse af at der er
et formål med mit liv

1   2   3   4   5

80-100 point: Du er i vid
udstrækning lykkelig

60-79 point: Du er i pænt
omfang lykkelig

59-40 point: Du er i glimtvis
lykkelig

under 40 point: Du har ringe
erfaring med at være lykkelig

Husk at når du tager disse test skal du være bundærlig og tænke dig om et lille øjeblik, så testen ikke bliver et øjebliksbillede på hvordan du har det i lige *dette* øjeblik, hvor du sidder og svarer. Men at testen afbilleder dit indre lykkeniveau så vi kan se om det vokser.

I dag var datoen:
Og mit lykkeniveau var:
Prøv at fuldend sætningen (sæt gerne flere ting ind): Jeg bliver lykkelig når..........

Jeg bliver lykkelig når..........

Jeg bliver lykkelig når..........

Jeg bliver lykkelig når..........

Du har garanteret en del ting du *ved* vil gøre dig lykkelig. Men ved du hvad? En undersøgelse i USA viste at uanset om et menneske havde vundet i lotto eller var blevet lam, gik mennesket tilbage til sin oprindelig lykketilstand ca. et år efter begivenheden[2].
Hvad siger det os? Ja det betyder jo, at hvis du som udgangspunkt ikke er glad så bliver du det heller ikke når du får ren hud, perfekte lår og en pragtfuld kæreste.

Lykken bor inde i dig og vi skal finde den og folde den ud. Så som kapitlets overskrift lyder, skal du nu lære hvordan man går fra offer til sejrsherre. Det kræver øvelse, og du blive nød til at øve dig hver gang du bliver skuffet, vred eller ked af det.

Men se nu her.

Enhver situations udfald vil være betinget af din respons. Det vil sige at hvis nu situationen er, at du er lige ved at blive kørt ned, men ikke bliver det. OG din respons så er bebrejdelser, råberi, vrede, skuffelse fordi du får følelsen af at IGEN skete der noget uheldigt for dig, igen kom du lige så glad og på vej, og så kom en eller anden tilfældig idiot og nær havde gjort det af med dig. Og lad os sige at du skal videre direkte til møde, så vil du i hvert fald bruge de første par minutter på mødet til lige at sunde dig, og have ret ondt af dig selv, eller være ret vred på chaufføren der nær havde kørt dig ned.

Okay så leger vi at du er lige ved at blive kørt ned, men bliver det ikke og du ånder lettet op med et smil, IGEN var du heldig. Der var du nær blevet kørt ned, men sørme om du ikke, som altid, får reddet dig ud af en svær situation. Lad os sige du skal til møde lige efter, du kommer ind med en helt anden attitude end den forrige dig.

Kan du se forskellen?
Situationen er den samme, men udfaldet af enhver situation afhænger af hvordan du reagerer.

Æv nu kom der lige pludseligt et enormt stort pres på dig og hvordan du vil leve dit liv, men bare rolig. Jeg skal nok hjælpe dig. Jeg ved godt, at man ikke bare kan ændre sine tanker fra den ene dag til den anden. Men man kan øve sig. Og du skal fra nu af øve dig i ikke at være offer, men sejrsherre når du reagerer på en situation eller begivenhed.

Skriv henover de næste 5 dage hvordan du ændrede en situation, som gav dig lyst til at skælde ud, bebrejde de andre, bebrejde dig selv, have ondt af dig selv eller blive vred. MEN du vendte tankerne.

Du gik fra situationen som sejrsherre.

Eks: I dag kom jeg i træningscenter og opdagede at jeg havde glemt sko. Jeg var lige ved at tude af raseri, fordi jeg blev så gal over, at jeg kunne glemme noget så vigtigt som mine sko! Jeg var træt, jeg gad ikke og begyndte at bebrejde mig selv. I nogle lange sekunder diskuterede jeg med mig selv, om det hele ikke bare kunne være lige meget. Om jeg ikke bare skulle give op og gå hjem. MEN jeg vendte det; gik på stepmaskinen i strømpesokker, det var pinligt og kortvarigt, men jeg fik faktisk sved på panden fremfor at gå rasende hjem. I stedet for at gå resten af dagen og være vred over, at have glemt mine sko, kunne jeg rose mig selv for at få vendt en ærgerlig situation til; at jeg faktisk var lidt sej i dag.

I dag
....

13

I dag

....

I dag...

I
dag...

I
dag...

Så til vi ses igen skal du have lavet:
- · Spørgeskemaet
- · Udfyldt listen *Jeg bliver lykkelig når*
- · Omskrevet 5 hændelser fra offer til
  sejrsherre.

Hvis du ikke kan vende perspektivet, så skriv hændelsen ned alligevel og skriv hvorfor du gik ud af situationen som offer.

HUSK at skrive det ned som er svært, så snakker vi om det i sessionen.

Trin 2: Vink farvel til utilstrækkelighedsfølelsen

De andre har ikke et bedre liv, en fladere mave eller nemmere familie.

Lykkelige mennesker er mennesker ligesom os andre, den forskel der er, er at de har nogle andre vaner end os. De vaner kan du lære.

Hvis du vil være glad, så skal du gøre mere af det, der gør dig glad, det, der udvider, hvor du føler dig stor.
Det kan være en berigende samtale med en bestemt veninde.
Det kan være at nå i mål med en opgave.
Det kan være at hjælpe til i flygtningecentret. .

Lykkelige mennesker holder sig så vidt muligt væk fra det, der gør dem små, det, der fratager dem deres energi. Det kan være en dramatisk person i dit team. Et sted du ofte bliver syg. Hvis du føler sig adskilt, ubehag: Et venskab du ikke profiterer fra, et familiemedlem som får dig til at føle dig dårligt tilpas.

Og en ting er sikkert; social sammenligning fører til følelser som kedafdethed, utilstrækkelighed og ulykkelighed[iii]

Lav nu en liste over de ting som gør dig større og udvider dig. Ved siden laver du en liste over det, som du godt kan mærke ikke er godt for dig. Så har du simpelthen en retningslinje til, hvad du skal gøre mere af og mindre af.

Jeg føler mig større
når:

Jeg føler
mig lille når:

Vi møder alle sammen modstand, men vi reagerer forskelligt på modstand. Tænk på situationen, hvor du var liiige ved at blive kørt ned, men ikke blev det. Dét er modstand, at skrive en opgave man synes er kedelig, er modstand, at din cykel er punkteret er modstand. Der er modstand hele tiden. Men vi skal være opmærksomme på, hvordan vi overvinder modstanden, eller hvorvidt vi udråber os selv til offer eller sejrherre.

Beklagelser og brok er typisk for offeret, som har mottoet: Stakkels mig.
Bebrejdelser er typisk for offeret, som har mottoet: Det er ikke min skyld.
Skamfølelse er typisk for offeret, som har mottoet: Det er alt sammen min skyld. Uanset hvad, dræner det energi at være offer, og ofrene er også drænende at være sammen med i længden.

Uanset hvem af ofrene du er, så skal du lære at vende offer-rollen. Dette vil udvide dig, få dig til at føle dig større, og andre vil også bedre kunne lide dig. Ingen gider i længden høre på beklagelser og brok. Bebrejdelser er så nedtur, fordi der bliver brugt så meget energi på dem. Den energi, der skulle løse modstanden, forsvinder. Og slutteligt bruger dem, der skammer sig så meget, energi på, at få den klamme følelse væk, at de aldrig overvinder modstanden.

Så ud med offermentaliteten.

Dét er selvfølgelig meget fedt at vide, men hvordan gør man så lige det? Tænker du nok.

Der er tre ting du skal have styr på:
1. **Løsningsformlen**
2. **Gaven/lektien**
3. **Slut fred med dig selv**

Løsningsformlen:

1. Løsningsformlen findes ved at køre din modstand/problemstilling gennem denne formel:

a. Tænk på en situation du har beklaget dig over. Vurder den ud fra 1 til 10, hvor 1 er minimum tilfreds, og 10 er maksimum tilfreds..........
b. Super, du landede ikke på 1. Hvad var grunden til, at du ikke landede på 1? Skriv alt det ned som du dog synes er ok ved situationen, noget måske endda meget godt.
c. Hvad ville være første *lillebitte* tegn på, at din tilfredshed med situationen blive større?
d. I lyset af det du nu har skrevet, hvad ville være det første lillebitte skridt du kunne gøre for at få tallet lidt op?
e. Begynd med at gøre nogle af de ting, som kunne få tallet lidt op. Begynd med at lægge mærke til, hvornår du er lidt mere tilfreds, og byg videre på alt hvad du gør for at forbedre situationen.

Sådan; Endnu et skridt fra offer til sejrherre, du tager situationen i egen hånd og gør noget andet end at brokke dig, beklage dig, skamme dig. Du handler! Og dét giver modstanden baghjul.

2. Gaven/lektien. Når du møder modstand så zoom ud. Se det større perspektiv og leg, at der er en Gud som vil hjælpe dig. Hvad skal jeg lære af det her?

Igen går du fra at være offer til at være sejrsherre.

3. Slut fred med dig selv. Vi har alle gjort dumme ting, skældt den forkerte ud, overskredet en grænse, spist af den forbudne frugt. Men stop med selvbebrejdelserne i dag. De ødelægger fundamentet for et godt liv. Ikke flere skældud fra dig til dig. Du skal bruge energi på at tilgive dig selv, så du kan komme videre i dit liv. Når du har sluttet fred med dig selv mindskes din trang til at sammenligne dig med andre, og din misundelse og forkerthedsfølelse vil mindskes.

I denne uge skal du tage en kold tyrker:
- Du må ikke bebrejde noget eller nogen noget - eller brokke dig.
- Du må ikke give andre eller situationen skylden, når noget ikke går din vej.
- Slutteligt må du ikke skælde dig selv ud.

HVIS du falder i, så skal du køre modstanden igennem løsningformlen eller lede efter gaven i det der er svært.

Brug de næste par sider til noter om hvordan det går

med opgaverne.

Trin 3: Slip skyld og skam

Lær at forstå hvorfor du tænker som du gør, og vend tankerne.

Mange af vores indre overbevisninger er grundlagt i barndommen. Disse overbevisninger påvirker din måde at tænke på, og derfor skal vi i undersøge det nærmere .

Vi tænker i gennemsnit 60.000 tanker om dagen. De fleste af dem er negative, og negative tanker påvirker vores følelser, som påvirker vores krop. Det er derfor vigtigt at få vendt tankerne, så de bliver positive, så vi kan have positive følelser og en krop i balance.

Hvordan ændrer man så sine tanker? Først må man lære at forstå tankerne. Hvis vi tager eksemplet med at være ved at blive kørt ned, kunne man jo forhastet komme til at konkludere, at den ene tænker mere positivt end den anden (Du husker nok den med at blive meget vred, råbe – føle sig som offer kontra sejrherre som blev bekræftet i igen at være heldig). Dette er dog ikke hele sandheden, det er ikke kun tankerne, som afgør vores følelser og handlinger. Bagved tankerne ligger der nogle indre overbevisninger, som påvirker din fortolkning af situationen, som påvirker dine tanker.

Den ene person tolker påkørslen som en grænseoverskridende/ truende begivenhed, fordi hun har en indre overbevisning, der reelt handler om ikke at føle sig tryg ved omverden. Siden hun var ganske lille, har hun følt sig trynet og overset, så når en bil næsten kører hende over, tolker hun det som om, at verden er enormt farlig, og den eneste man reelt kan regne med er sig selv. Så før chaufføren kan give en undskyldning, er hendes tanke noget ala: Han vil mig det ondt. Hendes følelse er rasende/ked af det, og reaktionen bliver vrede og råben.

Den anden pige har måske en indre overbevisning om, at verden er et trygt sted med plads til alle, og de begivenheder hun møder, bekræfter hende i den overbevisning. De positive tanker medfører positive følelser og en helt anden reaktion.

Man kan sætte en formel op:

A: modstanden (Det, du kan mærke, at du ikke har lyst til...modstand kan være mange forskellige ting)
B: indre overbevisning
C: reaktion/adfærd (den handling du foretager dig)[iv]

A fører til B fører til C

Eks:
A: Jeg skal til middag med arbejdet
B: Jeg er for fed til at nyde et måltid
C: Jeg bliver hjemme i sengen

Det er helt utrolig vigtigt at arbejde med B, den indre

overbevisning, når vi skal mindske vores skyld- og skamfølelser, primært af to grunde:

Et. Hvis vi undersøger hvorfor vi reagerer, som vi gør, kan vi ændre adfærd.

To. Hvis vi ikke forstår, hvorfor vi gør, som vi gør, kan vi ende med at skælde os selv endnu mere ud, end vi gør i forvejen, og så vokser skyld- og skamfølelserne. Skyld og skamfølelser er virkelig grobund for at hade sig selv.

Eks: Jeg skal til middag med arbejdet. Jeg mærker modstanden og diskuterer hele dagen med mig selv, om jeg skal med. Til sidst lægger jeg mig i min seng og sender en sms om, at jeg er blevet dårlig og ikke kommer.

Næste dag skammer jeg mig over at være sådan én, der ikke engang kan overskue en middag, og tilmed sådan en, der lyver mig lidt syg. Jeg skælder mig selv ud over min adfærd og bruger mange tanker på hvad jeg skal sige til kollegerne…

Hvis jeg havde kigget lidt på B - min indre overbevisning: Jeg er for fed til at nyde et måltid, så havde det været en helt anden dialog, som jeg ville have haft med mig selv.

Eks: Hvor kommer den ide fra? Er det virkelig rigtigt, at jeg er for fed? Hvorfor må jeg ikke nyde hvad de andre må nyde? Hvad er der mon sket, siden jeg opfatter mig selv sådan?

Jeg er da ikke tykkere end nogle af de andre…

Jeg skal vel også nyde livet lidt.

Hvad er det egentlig som er så meget vigtigere end

at have det lidt sjovt?

En dialog, hvor skyld og skam er mindsket, og selvkærligheden er vokset. I bedste fald en dialog som ville resultere i en anden adfærd. Så A fører til B fører til C, og C påvirker faktisk ofte A igen....

Hvis du nu tænker tilbage på den sidste modstand du oplevede, hvor din indre overbevisning var negativ, og din reaktion ikke var konstruktiv, hvad skete der så?

Skriv den ned her:

A:

B:

C:

Med den viden du har nu, hvordan kunne du så have ændret din reaktion?
Skriv her:

Man kan undersøge hvilke tankefælder man falder i. Tankefælder er de smutveje hjernen laver til tankerne, når hjernen forsøger at holde fornuft og fortolkning så effektiv som muligt, imens den bombarderes med indtryk og begivenheder[v] Tankefælder er fælder, fordi de ikke altid er korrekte, og man kan derfor drage forhastede eller forkerte konklusioner.

Fælles for alle tankefælder er, at de hopper til konklusionen, uden at reflektere over andre fortolkningsmuligheder.

Jeg beskriver nu 7 tankefælder og du skal se hvilke du falder i:

Tankefælde 1: *Tunnelsyn*
Du holder oplæg. Én deltager gaber under oplægget, og du mærker straks hvor dårligt det går, du bliver nervøs og selvkritisk. Du ser ikke de 14 andre deltagere, der faktisk lytter interesseret og stiller oprigtige spørgsmål.

Med tunnelsyn spænder du ben for dig selv, fordi du ikke ser det hele billede, og det du er tunet ind på ikke er virkeligheden.

Tankefælde 2: *Forstørre*
Jeg ser kun det negative i løbet af dagen og overser eller underminerer positive ting.

Denne fælde fører til offerrollen, som du læste om kapitel 1. Mennesker, som falder i denne fælde brokker sig meget, beklager sig eller har ondt af sig selv.

Kollegaer, venner og kæresteforhold vil lide i denne tankefælde, fordi den påvirker omverdenen enormt.

Og den person, som falder i tankefælden vil ulykkeligvis blive mere og mere ensom.

Eks: Det har regnet hele dagen, og så er det overhovedet ikke muligt at få en god dag. Når du så alligevel har slæbt dig hen på studiet, så er første time aflyst. Lektionerne efter er dræbende kedelige, og din studiegruppe snakkede kun fagligt.
I kantinen var der kun fedende mad, og jeg købte en ret, som jeg fortrød, fordi jeg følte mig fed resten af dagen. På vej hjem snerrede jeg af en studiekammerat, fordi hun hele tiden har en historie som overgår min. Da jeg ville fortælle min kæreste om det, afbrød han, og jeg blev drønirriteret…osv osv.
I denne tankefælde forstørres det negative og formindskes/negligeres det evt. positive.

Tankefælde 3: *Personliggøre*
Alle udfordringer og problematikker forklares ud fra, at man selv er årsag til dem. Denne tankefælde er nok den allerfarligste, da den er medvirkende årsag til depression. .

Eks: Jeg kan ikke finde ud af matematik, fordi jeg er dum, og min søster skal have en bedre gave end mig, fordi hun er et bedre menneske. Jeg kommer aldrig til at få en kæreste, fordi jeg er uudholdelig. Det er min skyld, at mine venner ikke kan enes. Jeg burde tage mig mere sammen…
Det er op til mig at løse udfordringerne omkring mig. Det er mit ansvar, at…

Tankefælde 4. *Eksternaliserer*
Modsat personliggøre vender denne tankefælde alle

årsager væk fra én selv.

Alt kan i princippet forklares ud fra udefrakommende
årsager. Personer med tendens til denne tankefælde
har ofte indre overbevisninger, der fører til vrede.
Eks:
Censor var efter mig
Der var ekstrem modvind
Læreren forklarer det altid dårligt
Han var selv ude om det.....

Tankefælde 5: *Overgeneralisering*
Her er man fuldstændig unuanceret og kan være
kategorisk overfor sig selv eller andre. I hvert fald er
den indre overbevisning stærk og reaktionen bliver
derfor også uhensigtsmæssig.

Eks: Din kæreste vælger at tage på stadion med
vennerne frem for at se serier med dig. Din følelse
bliver: Han forlader mig, og et skænderi starter, fordi
du reagerer ud fra, at når han tager på stadion
kommer han aldrig mere tilbage. Han synes du er
dybt urimelig fordi I ikke kan lave noget hver for sig.
Du synes han er en idiot, fordi han vil på stadion
(forlade dig).

Tankefælde 6: *Spåkonen*
Denne tankefælde betyder, at man er overbevist om,
at man kender til andres tanker, og kommer derfor
ofte over i tankefælde 1: Hoppe til konklusioner.

Eks: En kollega har ikke lavet det I aftalte, du er
overbevist om, han bare har siddet og fedet den

derhjemme – ergo er han ligeglad med dig og jeres opgave. Du reagerer voldsomt og med vrede. Men i virkeligheden véd du ikke dette... Du tror at du ved det. Ofte tror spåkonen også, at andre kan læse hendes tanker; Hun bliver sur, når kæresten sender hende i Føtex efter salt, for han ved da, at hun har haft en lang og udmattende dag.

Tankefælde 7: *Emotionel fornuft*
Denne tankefælde er man faldet i når man tror, at ens fornuft fortæller sandheden. I virkeligheden er fornuften styret af dine følelser og dine følelser er styret af hvor langt væk eller tæt på du er på begivenheden.

Eks: En ven overbeviser dig om at I skal bungie jumpe om 6 måneder. Du ved at det er farligt, men hvor farligt? Hvor sjældent går det galt? En til en million? Som månederne nærmer sig begynder du at blive nervøs og tænker måske...ok 1: 100.000? På selve dagen og lige inden du springer er du nok nede på omkring 1:2

Find nu de tre tankefælder som du falder i. Det er rigtig vigtigt at få kendskab til dem så vi kan ændre dine tankemønstre.

Skriv dem her:

I kamp mod tankefælderne:

Når du nu har fundet ud af hvilke tankefælder du har tendens til at falde i, kan du nu bekæmpe tankefælderne, så du ændrer din adfærd til at arbejde med dig i stedet for at arbejde imod dig. .

Tankefælde 1: Tunnelsyn
Tankefælde 2: Forstørre
Tankefælde 3: Personliggøre
Tankefælde 4. Eksternaliserer
Tankefælde 5: Overgeneralisering
Tankefælde 6: Spåkonen
Tankefælde 7: Emotionel fornuft side

Tankefælde 1: Tunnelsyn

Du kan arbejde med at gøre din tankegang mere fleksibel. Et negativt tunnelsyn fører til en angstfølelse, som gør situationen meget svær.

Eks: Du holder oplæg. Én tilskuer gaber under oplægget, og du mærker straks, hvor dårligt det går og bliver nervøs og selvkritisk. Du ser ikke de 14 andre, der faktisk lytter interesseret og stiller oprigtige spørgsmål.

Hvis du véd, at du nogle gange opfatter en situation sådan,   skal du øve dig i at modargumentere din negative opfattelse af situationen. Øv dig i at udvide synet, så du ikke kun ser den person, der gaber, men også alle de andre 14. Gaber de? Nej, smiler de? Holder de øjenkontakt? Nikker de?

I stenalderen var det altafgørende for mennesket, at se farer overalt, og din hjerne er ikke blevet klogere, derfor vil du hele tiden kigge efter det negative. Udfordre det. Du lever i en moderne verden, du skal mindske din angst så du kan shine. Udvid dit blik. Der er masser der lytter og ser dig.

Tankefælde 2: Forstørre

Forstørrer du det negative og formindsker det positive? Det er der mange, der gør. Faktisk er det helt naturligt, men de negative tanker fører til negative følelser, og det føles ikke til at holde ud for dig. Vi tager eksemplet med pigen, der oplever at have verdens dårligste dag - ifølge hende selv.

Eks: Det har regnet hele morgenen, så er det overhovedet ikke muligt at få en god dag, når man så alligevel får slæbt sig hen på studiet så er første time aflyst. Lektionerne efter, er dræbende kedelige, og studiegruppen snakkede kun om weekendens eskapader og ikke noget fagligt.
Så var der kun fede fødevarer i kantinen, købte en ret som jeg fortrød, fordi jeg følte mig fed resten af dagen. På vej hjem snerrede jeg af en studiekammerat, fordi hun hele tiden har en historie som overgår min. Da jeg ville fortælle min kæreste om det, afbrød han og jeg blev drøn irriteret….

Her bliver det vigtigt at lede efter det positive, det er

svært, men rigtig vigtigt.

Eks med selvlært perspektiv: Det har regnet hele morgenen. Godt man har buskort. På studiet fik jeg mulighed for at hygge mig med varm kaffe og småsnak inden studierne gik i gang, da første time var aflyst. Det kan være kedeligt, min studiegruppe prøvede at peppe indholdet op ved at fortælle sjove historier fra weekenden. Jeg er glad for, at de gider dele deres privatliv med mig.

Jeg var heldig, at kantinen var åben, ellers havde jeg nok ikke fået mad. Den var lidt fed, men skidt pyt, ét måltid kan man ikke tage på af.

Jeg er så heldig, at der er en fra studiet, som altid vil følges hjem, så ved jeg, at der er nogle som kan lide mig. Og da jeg kom hjem, var min kæreste allerede hjemme, det var fedt, så kunne jeg fortælle ham om min dag, og han ville også fortælle om sin. Jeg elsker, at vi stadig gider at dele vores hverdag med hinanden.

I starten vil du ikke føle positive følelser , men føle dig udfordret af, at skulle tage ansvaret for, hvordan du opfatter situationer omkring dig, og dermed hvordan din dag bliver. Men som du lærer det, vil du blive mere og mere glad.

Tankefælde 3: Personliggøre

Dem med denne tankefælde overser udefrakommende årsager som medvirkende til situationen.

Eks: Jeg kan ikke finde ud af matematik, fordi jeg er

dum.

Prøv et øjeblik at udfordre den tanke?. Blev du født dum? Hvordan ved du det? Hvad er beviset? Hvordan hænger det sammen med matematik? Hvordan kan barnet have ansvaret for at lære matematik i en skole med voksne omkring det?

Det er altafgørende ikke at falde i tankefælden Personliggøre, fordi der i denne tankefælde implicit ligger, at man selv bærer ansvaret for alt omkring én. Og dette ansvar er en tung byrde at bære. Ofte fører det til skyldfølelse og dårlig samvittighed.

Tankefælde 4. Eksternaliserer, denne overser at man selv er medskaber af enhver situation.

Alt kan i princippet forklares ud fra udefrakommende årsager. Altså, at alt dårligt, der rammer mig, altid er de andres skyld. Personer med tendens til denne tankefælde har ofte indre overbevisninger, der fører til vrede som grundlæggende følelse.
Eks:
Censor var efter mig
Der var ekstrem modvind
Læreren forklarer det altid dårligt
Han var selv ude om det.....

Her må man ligeledes være opmærksom på sine tanker og udfordre dem, som var de en teori.

Hvor er beviset for at censor var efter dig? Hvad kunne du have gjort som havde ændret situationen?

Lod du censor have magten, eller tog du den selv? Gik du ind i situationen som sejrherre eller offer? Hvad kunne du gøre anderledes?

Denne tankefælde fører ofte til vrede, og vrede er tit en uhensigtsmæssig adfærd, som der skal ryddes op efter bagefter. Så det gælder om at få styr på den her tankefælde, så vreden ikke spænder ben for det, som du virkelig gerne vil opnå her i livet.

Tankefælde 5: Overgeneralisering

Eks: Din kæreste vælger at tage på stadion med vennerne frem for at se serier med dig. Din følelse bliver: Han forlader mig, og et skænderi starter, fordi du reagerer ud fra, at når han tager på stadion, kommer han aldrig mere tilbage. Han synes, du er dybt urimelig fordi I ikke kan lave noget hver for sig. Du synes, at han er en idiot, fordi han vil på stadion.

Vær opmærksom på, at det er det personen (eller du selv) **gør** som trigger dig, ikke personen selv. Så din kæreste er ikke en idiot, fordi han tager på stadion, men du synes, at det, at han gør det, er idiotisk. Fordi du har en overbevisning om at tage på stadion er det samme, som at han forlader dig.

Når man overgenerealiserer lader man den ene tanke linke til den næste som linker til den næste, som til sidst ender med at give en følelse, der slet ikke stemmer overens med situationen. Ens adfærd vil blive uhensigtsmæssig.

A: Min kæreste vil på stadion
B: Han forlader mig
C: Jeg starter et skænderi, som gjaldt det resten af vores liv sammen.

Her skal du kigge på B: Hvad er det for en overbevisning, der får dig til at handle, som du gør? Når du har fundet overbevisningen, må du udfordre den. Plejer han at forlade mig? Plejer han at komme hjem, når han har været på stadion? hvor stammer denne følelse fra? Skal han eller du tage ansvar for følelsen?

Tankefælde 7: Spåkonen

Spåkonen forhaster sig til konklusioner, handler impulsivt og får en masse, der skal ryddes op bagefter.

Hvis du er typen, som hopper til konklusionen, er det vigtigt, at du lærer at behandle din konklusion og intuition som en teori. En teori, som ofte mangler bevis. Du skal undersøge, som en detektiv, hvorvidt din antagelse er rigtig.

Herefter må du finde ud af, hvilke overbevisninger og følelser som har ledt dig til den konklusion, du er kommet til.

Vær særlig opmærksom på ikke at handle impulsivt, men få al den information, der er mulig, før du agerer.

Eks: En kollega har ikke lavet det I aftalte, og du er

overbevist om, at hun bare har fedet den derhjemme - at hun er ligeglad med dig og jeres opgave. Du reagerer voldsomt og med vrede. Men i virkeligheden ved du ikke dette. Du tror, at du ved det.

Stil beviser op, der bekræfter, at din kollega ikke har lavet noget, fordi hun er ligeglad med dig.
Stil beviser op, der bekræfter, at din kollega ikke har lavet noget, fordi hun er ligeglad med jeres opgave.

Hvilke spørgsmål kunne du stille for at finde ud af, hvad der er årsagen til, at hun ikke fik lavet opgaven?

Spørg hende.

Ofte tror spåkonen også, at andre kan læse hendes tanker; Hun bliver sur, når kæresten sender hende i Føtex efter salt, for han ved da, at hun har haft en lang og udmattende dag.
Igen må du stille beviser, der bekræfter, at din kæreste sender dig i Føtex, velvidende at du har haft en lang og udmattende dag.

Spørg dig selv, hvilke andre årsager der kunne være til, at du bliver sendt af sted. Er han ved at lave middag til jer? Vil han servere noget, der smager helt rigtigt for jer?

Tankefælde 8: Emotionel fornuft
Er du typen, der først opdager, hvor stor opgaven egentlig er, aftenen før afleveringsdato? Så falder du

nok i emotionel fornuftfælden.

Tænk bare på, når der er otte uger til eksamen, og det føles som otte år. Otte år er fuldstændig ligegyldigt. Men otte minutter inden eksamen føles det måske, som om dit liv afhænger af den eksamen.

Din fornuft er forduftet, og dine følelser styrer. På den måde bliver det følelsen du står med otte minutter inden eksamen, som afgør – i dit hovedet – om det bliver en god situation eller ej.

"Jeg kan mærke, at det bliver en dårlig eksamen", siger du til en studiekammerat. Men det betyder jo ikke, at det er virkelighed. Om det bliver en god eksamen handler om, hvor meget du har øvet dig, læst, kan lide faget og meget andet, som man kan træne. Det handler IKKE om, hvad du føler lige nu.

I denne fælde gælder det om at få magten over følelsen. Det er ikke følelsen, der bestemmer eksamens gang. Husk dig selv på, at du elsker det fag, har trænet og læst, og nu er du nervøs - fordi du skal præstere. Det er noget helt andet end at kunne føle omstændighederne, du har i vente.

Jvf. de tre tankefælder du skrev ned på side xx skal du nu komme med løsningsforslag til at komme ud af situationen på en mere hensigtsmæssig måde. Når du ved, hvordan du tænker, har du nøglen til at ændre din adfærd.

Så opgaven her lyder:

1. Hvilke tankefælder falder du i?
2. Hvordan bliver dit liv, hvis du fortsætter med at falde i de tankefælder?
3. Hvad kan du gøre for at ændre din adfærd, når du falder i tankefælderne?
4. Hvordan vil dit liv være, hvis du fra nu af kunne gennemskue dine tankefælder, ændre dine tanker og handle anderledes?

Vi taler om det i næste session

Trin 4: Utilstrækkelighed og stressede følelser

Indre balance hænger sammen med kroppens hormoner, og hvordan du taler til dig selv har betydning for kroppens hormoner. En ond cirkel vi skal ændre.

Hjertet er et kæmpe energifelt i vores krop. Et af de mål man kan bruge for at afspejle vores emotionelle tilstand hedder hjerterytmens variabilitet (HRV). Det viser variationerne i intervallerne mellem hjerteslagene, og som du kan se, på billedet, er der stor forskel på vores HVR alt efter, om vi er vrede eller glade, frustrerede eller kede af det.

[1]
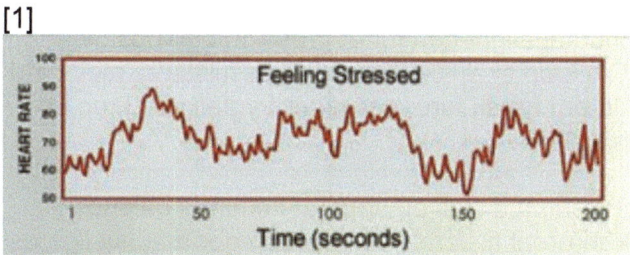

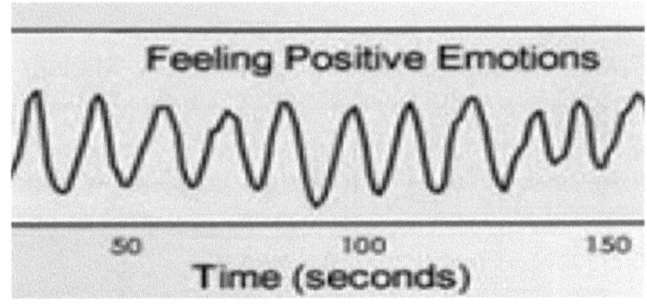

Du kan med mentale øvelser, som jeg viser dig, senere, få dit hjerte i kohærent rytme. Og grunden til, at vi arbejder med det er, at når dit hjerte er i inkohærent rytme, den øverste, sender hjernen signaler til kroppen om, at der er fare på færde. Når der er fare på færde, producerer vi stresshormoner, som kortisol, adrenalin og nordadrenalin, der øger blodtrykket, svækker immunforsvaret og øger modtageligheden for depression og angst.[vi]
Din krop skal ikke være i stresstilstand, medmindre du er i fysisk fare, det slider frygtelig på krop og hjerne.

Tværtimod skal du søge at komme i balance: kohærent tilstand. Og hvordan gør man så lige det? Der er simpelthen to grundlæggende kategorier i forbindelse med at få hjertet i kohærent rytme: Frygt – den øverste eller Kærlighed – den nederste.

Frygt: **Kærlighed:**

Vrede, sorg, anspændt   Åbenhed
Skuffelse   Taknemmelighed

Krænkelse	Tilgivelse
Selvoptagethed	Venlighed
Inkohærent	Kohærent

Jeg giver her nogle bud du kan bruge. De er forskningsbaserede, og man har erfaringer med, at de virker, så det er bare at gå i gang:

Du bruger hele tiden din viden om perspektiv og tankefælder så du kan bekæmpe negative tanker, når de opstår.
Men yderligere skal du:

1. Fokusere på taknemmelighed
2. Praktisere tilgivelse
3. Udstråle kærlighed

Hver dag fra nu af skal du skrive (hvis du ved, at du er sådan en, der springer over, hvor gærdet er lavest) eller sige, hvis du ved, at du VIL gøre det hver aften: Tre ting der er i dit liv, som du er taknemmelig for.

Du skal nu bygge nye baner i din hjerne, fordi den fra naturens side er skabt til at tænke negativt. Det ligger dybt i os, at vi altid skal være særlig opmærksomme på fare, dette instinkt er fra urtiden og har været ekstremt nyttigt på marsken eller savannen. Men nu er vi i år 2020érne, og vi behøver ikke være bange for alting, at holde fokus på det negative. Tværtimod kan det være hæmmende.

Neuropsykologerne har målt,at med daglig træning kan man ændre hjernens tankebaner, så det at tænke mere positivt kan blive en del af dig. Det betyder ikke, at du i næste uge er lykkelig. Du kan heller ikke løbe en vellykket maraton uden træning. Men du kan træne, og så vil du blive bedre – og til sidst positivt tænkende.

Så hver aften nævner du 3 ting, der er sket i dag, som du kan være taknemlig for.
Eks:
Det blev heldigvis solskin sidst på dagen.
Min kæreste gad at cykle over til mig.
Det er ferie.

Som du kan se, er det ikke vildt store ting. Det kan også bare være tre små. Det er faktisk det sværeste med de tre små og dermed bliver de små ting de vigtigste. For det er på en regnvejrsdag i november, at det kan være udfordrende at se det fede i noget som helst. Og så får de negative tanker først frit løbespil.

Praktiser for alt i verden tilgivelse. Hvis du går rundt og er vred på en eller anden så kig på billedet på side 40 og se hvordan din hjerterytme har det, når du er vred. Du ved at når din hjerterytme er urolig udsendes der stresshormoner til kroppen, du kommer i ubalance når du er vred.
Du drikker du en gift, du regner med, som du tror den du er vred på, bliver syg af.
Desværre - Hende du er vred på aner ikke hvor vred eller bitter du stadig er, hvor du lider i din ubalance.

Faktisk kan denne gå rundt fuldstændig ligeglad og lykkelig imens inkohærens og stresshormonhelvede raser i <u>din</u> krop.

Jeg har selv haft enormt svært ved at tilgive, så jeg ved, at det kan føles umuligt at bede dig om at tilgive en du er vred på. Men hvis du virkelig vil være grundglad - ung og smuk - så kan du ikke rende rundt med adrenalin, noradrenalin eller kortisol i kroppen.

Udsættes din krop for hyppige adrenalin-kick, fx ved arbejdsrelateret stress eller psykiske belastninger over længere tid? Så risikerer du hjerte- og kredsløbsforstyrrelser, nyreskader, forhøjet blodtryk, diabetes II, øget stofskifte, problemer med fordøjelsen, vægttab, fedme, manglende iltoptagelse i blodet, dårligt immunforsvar m.m.

Kroppen er indrettet til at klare kortvarige adrenalin-kick - ikke hele tiden eller ofte!

Når kroppen begynder at udskille kortisol, svækkes adrenalin-produktionen, og i stedet for at få flere kræfter til kamp og flugt, så sker det modsatte: Du bliver træt, ligeglad og passiv. Du mister din energi og kraft og orker ikke småproblemer eller at løse opgaver.

Når kortisol er i kroppen i lang tid, nedbrydes immunsystemet, så vi nemmere tager imod infektioner.

Kortisol nedbryder ved langvarig påvirkning vores hjerneceller - hippocampus - der kan skrumpe og blive skadet så meget, at det går ud over indlæringen, hukommelsen, koncentrationen og ikke mindst kan det forandre dig følelsesmæssigt.

Kortisol har indflydelse på kroppens sukker-, fedt- og proteinomsætning og kan derfor påvirke vores søvnmængde, forbrændingen, blodsukker og kalkoptagelse/udskillelse.

For meget kortisol over en længere perioder kan skade din nattesøvn, give dig tyndere hud, dårligere sårheling, afkalkning af knogler, fedme, tidlig aldring, nedsat immunforsvar, hæmme de hvide blodlegemer i at angribe kræftceller, nedsætte frugtbarheden, akne m.m.

Kort sagt: kortisol kan gøre stor skade på din krop[vii]

Efter hele denne smøre er du nok lidt mere åben for at tilgive, men stadig ikke så åben at det kan blive virkelighed? Det gør faktisk ikke noget. Blot du tænker det. Så længe du i dit stille sind begynder at tilgive, så vil du langsomt komme derhen, hvor du kan tilgive den person, som har såret dig.

Start med at tænk sætningerne: Jeg er parat til at frigøre mig fra fortiden: Jeg tilgiver dig (sæt navn ind) senere hvisk det og slutteligt sig det højt. Du er nødt til at tilgive de mennesker som har behandlet dig uretfærdigt eller grænseoverskridende eller andet. Ikke for deres skyld, men for din. Du kan ikke komme videre, før du har tilgivet - du kan simpelthen ikke få balance i kroppen.

Det hjælper altid mig at tænke på, at mennesker gør det bedste de kan, derfra hvor de står. Jeg gør op med mig selv, om jeg foretrækker at have ret eller at være glad. Nogen gange skal jeg lige have en ekstra dag, hvor jeg har ret, indtil jeg ikke kan holde vreden ud og tilgiver. Jeg siger: Du gør det bedste derfra hvor du står, derfor tilgiver jeg dig (nogle gange

hvisker jeg et lille hævngerrigt: Fordi du ved ikke bedre) Det må jeg så rette når jeg er helt klar til at tilgive. Tilgiv og bliv fri.
Måske mener du, at den der gjorde dig fortræd er ond, manipulerende eller født rædselsfuld. Alligevel skal du tilgive.

Slutteligt at udstråle kærlighed – and how to do that? Her kan jeg anbefale dig at starte med den aller sværeste; Nemlig dig selv.

Hvor ofte roser du dig selv?

Hvordan ville et barns ansigtsudtryk se ud, hvis du talte til det, som du taler til dig selv?

Det skal du tænke over. Du er den eneste du med sikkerhed ved, du skal følges med til livets ende. Så hvis du taler til dig selv, så dit hjerte går i inkohærens og du udløser stresshormoner, hvordan skal du så nogensinde komme i balance og blive glad?
Når du kan løbe et maraton?
Hvorfor løber du et maraton?
Hvad er dit inderste ønske?

For at blive værdsat? Set op til? Få beundring? Inderste inde vil du nok bare gerne anerkendes og elskes for alt, hvad du er.

Men hvordan skal andre elske dig, når du ikke gør det selv?

"Dét gør jeg da", tænker du måske. Godt. Så bevis

det: Gå ud foran et spejl, kig dig i øjnene og sig højt:
JEG ELSKER DIG.

Prøv bare, eller ta' din tlf. og sig det til kameraets
spejl.

Det er super svært. Det tog mig årevis at lære at sige
det OG mene det.
Alligevel vil jeg gerne have, at du gør det til en daglig
øvelse, du kan gøre som med tilgivelse, tænke det,
hviske det, sige det og til sidst skal du sige OG mene
det.

Dit nye mål er at lære at elske dig selv. NU. Så du får
lettere ved at overkomme modstand, elske dig selv
så andre også kan gøre det.

Slut med; at når jeg får tyndere lår, 12 i alle fag, en
million følgere SÅ er jeg værd at elske. Hvis du ikke
lærer at elske dig selv, så kommer de andre heller
ikke til det. Hvordan vil du kunne overbevise dem om
at du er værd at elske, hvis du ikke engang selv
synes det?

Det begynder i dag og det begynder med dig,
spejlet og en kærlighedserklæring.

Når denne kærlighedserklæring manifesterer sig i
dig, vil det kunne ses. Du vil udstråle ægte overskud,
ro, skønhed. Du vil blive inspireret fremfor
misundelig, når andre når deres mål. Have lettere til
latter og være åben. Du vil mindske din angst, fordi
du ved, at når alt er svært, så har du dig, og du er

sådan en, der er værd at elske. De mennesker, der er vigtige for dig, vil kunne mærke og se det. De vil også elske dig[viii] og ensomhedsfølelsen vil forsvinde. Når ensomhedsfølelsen forsvinder, forsvinder de evige krav om, at når jeg har fået markerede biceps, stort og fyldigt hår, perfekt hud, den smukkeste taske, SÅ bliver jeg en succes, så bliver jeg værd at elske. Når du elsker dig selv, så bliver det så uendelig meget nemmere at sige "skidt pyt".

Prøv at forestil dig det, at kunne se sig selv i spejlet, elske det du ser og se noget, der måske ikke er fuldkommen insta-ideal-agtigt-perfekt, og så bare kunne sige: "Skidt pyt – det bliver en vidunderlig dag alligevel ". Det er meget værd. Det kan jeg godt afsløre.

Trin 5: Fra fejlfinder til sundt fokus

Du kommer aldrig til at få din drømmekrop så længe I er uvenner.

Vores samfund dikterer på mange måder nogle idealer om, at vejen til succes er at være perfekt. Det er derfor ikke så underligt, at vi finder fejl ved os selv, som skal rettes op på. Enten med to-do-lister, bøger der skal læses, træning der skal udføres, men fokus skal faktisk være et helt andet sted. Du skal holde øje med det du er glad for, og det du er god til. Det vi fokuserer på vokser.

Hvis succes er at få millionvis af følgere, en barbiekrop og en masse penge vil jeg anbefale dig at se filmen: The American meme – den er på Netflix. 5 minutter inde i filmen fortæller Paris Hilton om hvordan hun rejser 250 dage om året, hendes fans er hendes familie og hun er ekstrem ensom og ser ulykkelig ud. Det, der ligner succes, er en kvinde der har hunde og fans som sine nærmeste. Det er sgu da mere sørgeligt end det er reel succes.

Prøv lige at gør op med dig selv hvad succes er for dig? Hvad vil du allerhelst opnå, og hvorfor vil du det?
Skriv her:
 Når vi drømmer om at ALT skal være perfekt, så kommer der en pris.
Hvis du har én eller anden du gerne ville bytte mave, hud eller IQ med, så husk at du skal bytte det hele – alt i dennes liv fremfor dit eget. Deres

mor, deres ører, deres hår, deres historie. Vil du virkelig det?

Du er nødt til holde op med at kigge på udsnit af hvad andre har og sammenligne det med hele dig. Når vi sammenligner os med andre, bliver vi ofte i dårligere humør. Så hvorfor overhovedet gøre det?

Da jeg blev omkring 32 år, gik det op for mig, at mit højeste ønske var at blive lykkelig. Og jeg havde brugt hele min ungdom på at sætte alle mulige delmål op, som jeg troede ville føre til lykke:
Altid være klædt stilfuldt – det brugte jeg alle mine penge på.
Være ekstremt tynd – jeg trænede om morgenen og om aftenen og var altid på hemmelig kur.
Have langt fyldigt hår – det har jeg bare ikke!
Have høje karaktere i alle fag – Det havde jeg bare overhovedet ikke overskuddet til.
Være den sjoveste til festen, den hurtigste på løbebåndet, den klogeste i diskussionerne og jeg kunne blive ved. Som du nok har hørt før, så ville jeg bare være perfekt, men blev fanget i perfekthedsfængslet, og missede out på alt hvad der var sjovt.

Jeg skulle være nummer ét i alt, og det var bare så sindssygt hårdt.

Når jeg ikke lykkedes 100 procent på alle fronter, så vendte jeg det indad, blev vred på mig selv og satte flere eller højere mål. Ofte skulle jeg træne mere. Jeg trænede, og jeg trænede, og jeg trænede, kun lige efter træning var jeg ikke urolig eller ulykkelig. Resten af tiden var jeg i ubehag. Det er alligevel meget af ens ungdom, der bare ryger der.

Hver dag gik jeg rundt og skældte mig selv ud, fordi jeg ikke gjorde det godt nok. Jeg blev mere og mere frustreret, fordi jeg gjorde mig så enormt umage med at lykkedes: Købte dyrt tøj, spiste sparsomt, forberedte mig på alle situationer så intet kunne gå galt. Alligevel udeblev følelsen af succes. Og jeg var aldrig rigtig glad i længere tid ad gangen.

Udadtil var der ingen, der forestillede sig hvordan det i virkeligheden var at være mig, og det gjorde egentlig bare ensomheden endnu større.

Måske genkender du nogle af de scenarier, jeg stiller op her?

Jeg har i hvert fald udviklet mentorforløbet her, så du ikke kommer til at bruge årene op til du er 32 med at jage den falske opskrift på succes. At blive en "perfekt" vil ikke gøre dig lykkelig.

At gå fra selvhad til selvværd hænger sammen med din relation til kroppen. Du gerne træne, men du skal holde op med at sammenligne DIN krop med andres kroppe. Der er ingen konkurrence. Din krop skal du leve med til dine dages ende, så du kan lige så godt gøre en indsats for at blive

gode venner med den nu, tro mig, det kommer
ikke af sig selv.

Kig på dig og skriv 3 ting ned som du er glad for
ved dit udseende:

1

2

3

Husk at værdsæt de tre ting. Det, vi fokuserer på,
gror. Du kan evt. tage det med i din
taknemlighedsøvelse om aftenen. Forestil dig,
hvad det gør ved din hjerterytme og med den
positive hjerterytme mindskes stresshormonerne.
Stresshormonerne holder på fedtet og laver en
ubalance i maven, der gør, at du lettere tager på,
når du spiser et måltid[ix].

Kroppen udløser også lykkehormoner som du
sikkert allerede kender: Endorfin, serotonin,
oxytocin og dopamin.
Endorfiner er smertestillende og glædeforøgende,
og det udløses fx ved sport og kolde bade.
Serotonin er angst og depressionsnedsættende,
ogdet udløses bl.a. ved sollys, når du mindes
lykkelige stunder og smiler af indre glæde.
Oxytocin er tilknytnings-hormonet som får os til at
føle os forbundne, at høre til et andet menneske.
Det udløses ved kram og kys. Dopamin udløser

vågenhed og glæde, det giver en ekstrem god følelse i kroppen, lige når det udløses. Det udløses fx ved at spise kage, ryge, drikke en kop kaffe. Det er lidt farligt for nogle af os, fornår det er udløst, vil man gerne have det igen og igen. Og så er det man lige skal passe på, at man ikke spiser for mange kager, ryger for mange cigaretter, og drikker for mange kopper kaffe.

Mad påvirker ligeledes serotonin, dopamin, endorfiner, noradrenalin og adrenalin. Det er nu bevist, at hvis man spiser antiinflammatorisk,så udløses hormoner, så dit humør bliver bedre[x].

Modsat kan kaffe, energidrikke og slik hæmme din udskillelse af lykkehormonerne. Umiddelbart en faktor der er værd at tage med, hvis man gerne vil være lykkelig.

Husk at trække vejret. Dybt. Hvis du ikke kan finde ud af det, så lær det. Dit nervesystem falder til ro, når du trækker vejret dybt, din hjerterytme kommer i kohærent rytme, du mindsker stresshormoner og udløser lykkehormoner. Du kan meditere eller dyrke yoga for at opnå størst udbytte.

Dyrk moderat motion, men kun hvis du kan lide det. Hvis du tænker negative tanker imens, så udløser du bare stresshormoner samtidig, og dem skal du gerne af med. Du vil have en krop i balance, og så er det bedre at gå en tur end at overtræne.

Slutteligt skal du sove. Du skal sove om natten for at blive lykkelig. Og du skal minimum sove 8 timer[xi]. Du skal også sove for at forbrænde det, der er overskydende energi fra dagen, du skal sove for at holde din hud smuk, og du skal sove for at regulere din appetit[xii].

Fokuser på det som fremmer velvære i kroppen og lykkehormonerne. I dette kapitel ser vi indad, vi lærer at elske det, vi ser, og vi lærer, at kroppen ikke er vores fjende, men vores samarbejdspartner til det lykkelige liv.

Opskriften på succes var en løgn, og vi starter nu forfra. Med den ægte opskrift.

Opsummér, hvad du lærte i kapitlet:
(Det er vigtigt for at internalisere den nye viden)

Trin 6: Find ud af hvad der er det rigtige for dig

Find dit indre formål

I dag skal du starte med at tage en styrketest, testen er gratis og nem. Den tager omkring 20 minutter, og du kan finde den på nettet: viacharacter.org. (du skriver dig bare op, det koster ingenting). Skriv de fem styrker den nævner øverst, disse kaldes også Topstyrker:

1:

2:

3:

4:

5:

Skriv nedenunder hvornår du bruger hvilke:

Martin Seligman, amerikansk professor i psykologi og direktør for Positiv psykologis fakultet ved Pennsylvania universitet, har udarbejdet en formel på lykke. Formlen hedder PERMA.

P står for positive emotioner
E står for engagement
R står for positive relationer
M står for mening
A står for at lykkedes

Når du får disse fem elementer i spil, vil du stortrives[xiii].

Positive emotioner kan du få ved at have sex, løbe en tur, ae din hund, male et billede, hoppe i havet, opleve ærefrygt, lytte til musik, meditere, se på billeder, der frembringer gode minder. Ting, som du kan mærke, gør dig glad.

Jeg undlader bevidst "at shoppe" her, selvom de fleste vil elske nye sko, undertøj eller taske. Fordi al forskning på feltet viser, at shopping er en kortvarig lykkefølelse. Efter et par uger vil glæden for den nye ting være forsvundet, og du vil ønske dig noget nyt, som du tror vil øge din trivsel, men det samme vil ske igen.

En undersøgelse (Brickman et al) viser, at efter at have vundet i Lotto stiger vindernes lykkefølelse kortvarigt, men den daler igen til det niveau af lykkefølelsen vinderne havde før de blev millionære[xiv]. Dette understøtter udsagnet: Penge kan ikke gøre dig lykkelig.

Omvendt har man fundet ud af, at positive oplevelser - især sammen med positive relationer faktisk øger dit lykkeniveau. Og tager man oven i købet billeder af den positive oplevelse med de positive relationer og hænger op derhjemme, bliver man glad hver gang, man mindes oplevelsen. Kroppen kan simpelthen huske din tilstand på billedet og sender dig positive emotioner. I så fald kan man sige penge kan købe dig lykke: for du kunne jo købe dig en positiv oplevelse oftere, end hvis du ikke har penge.

Så hvis du står mellem valget at gå til en koncert/museum/rejse eller nye materielle ting, så siger forskningen faktisk, at du skal satse på oplevelsen, for den vil du få langt længere lykkefølelse af, end det materielle.

For at stortrives, er det vigtigt, at du engagerer dig, så du kommer i flow. Forskellen på positive emotioner og flow er, at i flow tænker du ikke, du smelter sammen med det du laver, og tid og sted ophører for en stund: Du er simpelthen opslugt af det, du laver.

Det kan være svært at komme i flow, det kræver en indsats, fordi flow befinder sig lige der, hvor du bruger dine evner maksimalt, og udfordringen er på kanten til at være for svær. Bliver den for svær, giver du op,bliver den for let, bliver den kedelig. Kongevejen til flow er faktisk at beskæftige sig med sine styrker[xv]. Gør det, du er god til og udfordre dig selv samtidig.

Hvis du sidder og tænker, at du egentlig ikke er helt klar over, hvad dine specielle styrker er, så tag et kig på de fem topstyrker VIA CHARACHTER STRENGTH analyserede sig frem til. De styrker, som testen bygger på, er lavet over tre års intensivt arbejde af de to grundlæggere af Positiv psykologi. Det er ikke bare en tilfældig test med et par udtryk til at belyse nogle sider af folk. Det er hardcore forskning og klassifikation, hvor en styrke forstås som en blanding af talent, ressource, evner og færdigheder.

Næste element i teorien er positive relationer. Du behøver tre-fem dybe positive relationer for at stortrives[xvi]. Vi mennesker er sociale og yderst intelligente. En god ven kan hive dig ud af dit dårlige humør, og når du selv gør noget aktivt for andre, øges din trivsel[xvii]

Sidst du slog en høj latter op, følte ubeskrivelig glæde, oplevede en dyb mening og formål med livet var du sammen med et andet menneske. Meget lidt positivt opleves alene. Derfor gælder følgere ikke på samme måde som en dyb positiv relation i rummet. Og det er jo værd at tage med i sine overvejelser, når influenserne umiddelbart ser meget lykkeligere ud end os. I den sammenhæng vil jeg da lige tage min gamle kæphest frem og gentage, at når vi sammenligner os med andre, mindskes vores lykkefølelse[xviii].

Det er rigtig vigtigt, at det du laver til dagligt giver mening for dig. Andre behøver ikke at synes det samme. Men dit liv bliver bedre, hvis det du går rundt og gør støtter et højere formål end dig selv. Mit arbejde med dig er utrolig meningsfuldt for mig, for jeg ønsker ikke, at andre unge skal bruge mange år i elendighed og jage den falske opskrift på succes og lykke, når de kan undgå det. Det er meningsfuldt for mig, at min smerte forkorter den tid, du skal være i smerte.

Vær bevidst om, hvad du vil med dit arbejde eller studie, hvad er det højere formål? Så bliver det også lettere at komme af sted mandag morgen.

Slutteligt er der elementet at lykkes. At lykkedes indebærer at præstere.
Vi kan ikke blive dybtfølt lykkelige blot ved de fire første komponenter: Positive emotioner, Engagement, positive Relationer og Mening. Hvis jeg kun ser på kunst (P) engagerer mig i den oplevelse ved at læse en bog om det, komme i flow og får ny viden (E) sammen med en berigende ven (R) og oplevelsen i sin helhed virker meningsfuld på mig, måske handler den om at løfte unge ud af deres selvværdsproblemer (M) Så vil jeg have det rigtig godt, det man kalder et behageligt liv. Men ikke et lykkeligt.

For at du vokser som menneske skal du på en eller anden måde udvide dig selv, sagt på en anden måde: Ud af din comfortzone, så du kan udvide den og få endnu mere plads at udfolde dig på. Det koster at præstere. Tænk på en vellykket fodboldkamp du har spillet, en eksamen du er stolt af. En kraftanstrengelse, hvor du præsterede noget, du var stolt af. Måske ikke fordi du var specielt god til det, men fordi du holdt ud og blev ved.

Hver gang vi høster en succes udvundet af en præstation, øges vores selvværd og selvbillede.

Mange af os sætter alt for høje mål og for mange samtidig. F.eks. skal vi både holde op med at spise slik, træne til en halvmaraton og male lejligheden i januar måned. Men det er et mål som ofte vil føre til endnu end nederlagsfølelse fremfor sejr.
Ikke alle tre ting vil lykkedes i januar, og du vil have endnu en grund til at dunke dig selv i hovedet med, hvor uduelig du er, frem for at sætte delmål som kan opbygge dig. Hvor du kan rose dig selv hver gang, du indfrier et delmål.

F.eks. kun spise slik om lørdagen i januar, fejre hver gang en kilometer er kommet på distancen i dit løb i januar, mal en side af stuen en uge, næste side i næste uge og så fremdeles. På denne måde kan du hele tiden gå at fejre dig selv for at være på vej frem for at skælde dig selv ud, fordi du igen fejlede med et uoverskueligt projekt.

Hvordan holder man så ved…?Dét er nok det aller sværeste for de fleste, men det er nøglen til det gode arbejde, det gode studie, det gode kæresteforhold.

Man ved i dag, at vedholdenhed er vigtigere end IQ når det gælder berigende jobs. Faktisk arbejder man ud fra formlen Præstation = færdigheder x indsats[xix]. Det betyder, at jeg kan lære at spille violin, det handler bare om, hvor stor indsatsen fra min side er.

Selvdisciplin bliver altså altafgørende for, om du vil nå i mål med din præstation.

Jeg synes selvfølgelig, at du skal bruge al din selvdisciplin i dette forløb på at læse, prøve øvelserne af, lytte og reflektere, være forberedt til samtalerne, så du vil lykkedes med at komme ud af perfekthedsfængslet og få modet til at være lige netop dig.

Øvelsen, du skal lave nu, er at sætte dit liv ind i PERMA-modellen, hvad kan du gøre lige nu og her for at øge din trivsel?

P:

E:

R:

M:

A:

Altså hvad kan du gøre for at få nogle positive emotioner i dag. Hvordan kan du engagere dig, i hvad? Hvordan kan du dyrke dine positive relationer, finde mening og lykkedes? Bare giv det et par bud. Version one is better than version none.

Trin 7: Få modet til at gøre det du drømmer om

Lær at være uperfekt

Menneskene i dit liv vil påvirke dig uanset om du vil have det eller ej. Vi er inkorporeret med noget, der hedder spejlneuroner, og det betyder, at vi spejler det, vi ser og mærker. Forskning viser, at følelser smitter fuldstændig som en forkølelse[xx]. De tre-fem mennesker du bruger mest tid sammen med, bliver de mennesker du kommer til at ligne mest. Tænk på din hjertekohærens, hvilke venner får dig i en positiv rytme, som skaber lykkehormoner, hvilke skaber inkohærens som fører til stresshormoner?
Lad de mennesker du omgiver dig med være medfølende, opløftende, gøre dig større. Træk dig fra dem, der altid brokker sig, sladrer, og ser det negative før det positive.

Skriv her:

Hvilke mennesker i dit liv udvider dig?

Hvilke gør dig mindre?

Meld dig ind i grupper som støtter dig. Jeg vil i den anledning anbefale dig at blive medlem af den gruppe af andre unge, som arbejder med det samme som dig, har været der eller er på vej. Her kan du føle samhørighed, få gode råd og støtte. Hvis du ikke har lyst til at melde dig ind, så find en anden gruppe som støtter dig i at være lige præcis den du er med det formål du har for tiden.

Du kan også selv skabe dit lykke-drømmehold. Inviter nogle venner over og del jeres drømme, hold hinanden på sporet og vær vedholdende. Husk, at når du fylder en anden, fylder du dig selv.

De lykkeligste mennesker ser hele verden som deres familie, og de mener, at dele ud af egen lykke er en af deres vigtigste opgaver i livet[xxi] Hvis du kan tilegne dig lidt af den indstilling, bliver verden et langt mindre farligt sted at være, og du vil opleve langt færre stresshormoner i din krop.

Sommetider vil du være nødt til at arbejde med mennesker, som du ikke bryder dig om. Du kan få det bedste ud af situationen ved at bruge viden fra spejlneuroner og skyggesideteorien.

Spejlneuroner betyder ultra forenklet, at de følelser vi ser i en anden person, aktiveres i os. Du kender det, når din veninde græder, og dine tårer pludselig løber ned ad dine kinder, selvom der egentlig ikke er sket dig noget.

Når en person, du skal arbejde sammen med, agerer vredt, modløst eller beklager sig, så må du for alt i verden ikke lade deres neuroner bruge dine som spejl. Lad ikke personen smitte dig med sit dårlige humør.

Kæmp og spil modsat deres neuroner; Smil, nik, være morsom og opløftende. måske vil din trælse samarbejdspartners neuroner spejle dine. Og samarbejdet vil være mindre drænende for dig. En af jer vinder, prøv at lade det være dig.

Lad være med at forsøge at ændre den anden. Det kan være så fristende, men den mest effektive måde at påvirke andre på, er at vise den adfærd, man gerne så hos den anden[xxii]

Jeg havde i mange år en kollega, som jeg simpelthen ikke kunne fordrage. Han kunne tale i timevis, hver dag, om sine egne fortræffeligheder. På et tidspunkt forlod jeg frokostbordet, hvis han kom. Han ødelagde simpelthen mit humør. Det er noget af en magt at give et andet, intetanende, menneske. Jeg vidste, at det ville være upassende at bede ham om at ændre sig, så der var kun én ting at gøre: Se indad. Hvad var det ved denne person, som gjorde, at jeg slet ikke kunne holde ham ud?

Jeg brugte Debbie Fords skyggeteori om, at det som trigger os ved andre, de karaktertræk som vi virkelig ikke kan lide ved nogle mennesker, er de karaktertræk, som vi selv undertrykker.

Af en eller anden grund var jeg af den opfattelse, at når man hævder sig selv hele tiden og dagligt, så er man et dårligt menneske. Jeg kunne aldrig drømme om at gøre det selv. Men hvorfor irriterede det mig så grænseløst? De andre kollegaer smilede bare ad det og var uberørte. Det triggede mig i den grad, fordi det var en side af mig, som jeg altid lod stå i skyggen, når andre skulle se mig. Ingen måtte nogensinde opdage, at jeg også gerne ville tale om mig, mine fortræffeligheder og gerne hver dag. Så det gjorde jeg aldrig. Fik jeg så en medalje for det? Næ. Rykkede jeg mig på karrierestigen af det? Næ igen. Jeg blev bare sur, misundelig og småbitter. Der var da ingen, som syntes jeg var en helt, fordi jeg ikke førte mig frem. Hmm. Hvorfor nagede det mig så helt utroligt at jeg kunne bruge tid på at blive vred over ham og hans opførsel? Fordi jeg havde en nuanceret opfattelse af, hvad det vil sige at fremhæve sig selv.

For mig at se var det kun noget dårligt: at fremhæve sig selv, og hvad man er god til. Det var tegn på at være et dårligt menneske.

Det vil ingen jo være. Men hvis man kigger lidt mere nuanceret på det, så er selviscenesættelse, selvhævdelse jo nogen gange med til at sætte nogle positive ting i gang for én. HVIS man nu fremhæver, at man faktisk er ret god til det der med at arbejde med unge, positiv psykologi og at dele erfaringer, så kan det jo være, at andre opdager det, at der kommer unge man kan gøre en forskel for. Hvis man ikke selv iscenesætter og fremhæver det man er god til, så kommer det ikke frem. Jeg kan jo ikke bare sidde hjemme og vente på at unge fra hele landet ringer mig op og beder om min hjælp. Jeg må ud og vise, at jeg er her. I mange år sad jeg hjemme og ventede. Fordi det var så svært for mig at turde at pege på egen eksistens og ekspertise som noget meget vigtigt. Samtidig hadede jeg, når andre fremhævede, at de var særligt gode til noget, de udlevede en skyggeside jeg selv undertrykte.

Det er svært. Og man starter i det små. Små bitte skridt, fordi det er så helt utrolig grænseoverskridende at gøre noget, som du fra barnsben har lært er et no-go. Men det er sådan du overvinder mennesker, som trigger dig: Find ud af, hvad det er, de gør, som gør dig sindssyg, find din skyggeside, bring den frem i lyset. Udlev det du hader. Jeg græd, af skræk, første gang jeg postede en selvhævdende beretning på de sociale medier. Men jeg lever af det jeg elsker i dag, og jeg kan meget bedre rumme selvhævdende mennesker. Det er en win-win, fordi jeg får gjort noget jeg ikke tør, og dermed vokser jeg. Jeg får ro og andre mennesker kan ikke få magt over mit humør.

Svar på nedenstående:
En person der trigger mig er:
(Hvis det er svært at finde en skygge skal du bare tænke på, hvad der absolut ikke må stå i din nekrolog – så har du din skyggeside)

Min skyggeside:

For at mindske min skygge og få mig selv helt ud i lyset er jeg nødt til at:

Hvad vil der ske, hvis jeg ikke gør noget ved denne side?

Hvad vil der ske, når den side er kommet frem i lyset?

Når du har indset, hvad du er nødt til at gøre, tænker du nok: Jamen, det vil jeg ikke. Og det er helt forståeligt. For det kræver vovemod og sårbarhed at gøre noget HELT anderledes, end det vi plejer.

Hvorfor er vi så bange for at fejle, blive grinet ad? Hvad skete der fra vi var små og klumpede rundt indtil vi kunne gå uden at overveje, om andre mennesker ville le ad os? Vi har en tendens til at give op, hvis det vi vil ikke lykkedes første gang. Vi forventer, at vi bare kan, uden at øve os. Da vi var tumlinger, rejste vi os jo ikke bare op og begyndte at gå, vi øvede non-stop og kun med målet for øje. Tænk, hvis vi havde forsøgt at rejse os én gang, og da denne første og eneste gang ikke lykkedes, så konkluderede vi, at så ville vi nok aldrig lære at gå. Så ville vi sidde der endnu

Det, du gør nu er det helt rigtige. Når du skal være modig, er det enormt vigtigt at være sammen med nogle, der kan møde dig med empati. Måske grine og fortælle om, hvordan de også har skulle være modige og endda noget så farligt som fejlet i første forsøg. Sammen med mig og de andre menti træner vi i denne periode en skyggeside. Jeg er lige her og jeg holder dig i hånden, når du forveksler sårbarhed med svaghed.

Når du har integreret spejlneuroner og skyggeteorien i din forståelse af samvær med andre mennesker, får du lettere ved at være dig selv. Dit autentiske jeg, fordi du kan gennemskue hvad der sker med dig, når du får det dårligt.

Når du skal stå stærkt, være modig er det vigtigt, at du også er god ved dig selv. Du skal støtte dig selv, hvis du ikke gør det, hvem skulle så gøre det?

Tal pænt til dig selv.

Vend perspektivet når noget bliver svært – se TRIN 1

Hold løsningsfokus – se TRIN 2

Find tankefælden og udfordre den, se TRIN 3.

Ros dig selv for alt det du allerede har gjort for at nå herhen, hvor du er nu - se TRIN 4.

Vær god ved din krop, I er én og I skal være sammen til jeres dages ende - se TRIN 5.

Gør det, du er god til i forvejen, lige nu arbejder du med at ændre dit mindset, du skal ikke til at lære nye fagområder, lave anderledes projekter, træne noget du har modstand på. Bliv hvor der kan opstå flow – Se TRIN 6

Og brug teorien om spejlneuroner og skyggesider, når du skal nå i mål. TRIN 7.

Det er mit håb; at du efter forløbet her er kommet tættere på den du gerne vil være, har viklet dig ud af perfekthedsfængslet, og når du får triste perioder, igen kan tage bogen frem, og finde løsningsmuligheder. Det er svært at huske det hele på én gang.

Men livet er en lang proces, og du har nu taget 7 modige trin hen imod et gladere, lettere liv.

Godt kæmpet. Mange knus, Anne

Litteraturliste:

Chopra, Ford, Williamson (2010): *Skyggeeffekten* .
Politikens forlagshus. 1. Bogklubudgave, 1. Oplag.

Fredrickson, Barbara L (2010). : Positivitet, kilder
til vækst. Dansk psykologisk forlag.

Hay, Louise (2007): *Kærlighedens kraft*. Borgen.
1. Udgave, 10. Oplag. Copenhagen Valby.

Reivich, Karen (2002): The resilince factor. Three
rivers press. New york.

Lyhne, Jørgen & Knoop Hans Henrik: *Positiv
psykologi positiv pædagogik* (2007) Dansk
psykologisk forlag a/s 1. Udgave, 4. Oplag. Viborg.

Seligman,Martin(2011): *At lykkes – en
perspektivrig positiv psykologi om lykke og trivsel*,
Mindspace, 1. Udgave, 1. Oplag.

Shimaff, Marci (2009): *Lykkelig uden grund*,
Borgens forlag. 1. Bogklubudgave, 1. oplag

Hjemmesider:
https://www.biomedcentral.com
https://www.heartmath.org/research/
www.naturli.dk
https://www.ncbi.nlm.nih.gov/
www.videnskab.dk

[1] heartmath.org

[i] Shimaff side 35

[ii] ibid

[iii] Lyhne & Knoop side 69

[iv] Reivich side 66

[v] Reivich side 94

[vi] Shimoff side 149

[vii] https://www.ncbi.nlm.nih.gov/pmc/articles/PMC3079864/

[viii] Hay side 93

[ix] https://www.naturli.dk/artikel/psykobiotika-en-sund-sjael-i-en-sund-tarm/

[x] https://www.naturli.dk/artikel/psykobiotika-en-sund-sjael-i-en-sund-tarm/

[xi] Shimoff 212

[xii] https://videnskab.dk/krop-sundhed/det-gor-sovnen-ved-kroppen

[xiii] Seligman side 28

[xiv] Lyhne & Knoop side 69

[xv] Ibid side 84

[xvi] Shimoff 293

[xvii] Seligman side 32

[xviii] Lyhne & Knoop side 69

[xix] Seligman side125

[xx] Shimoff side 294

[xxi] Ibid side 317

[xxii] ibid side 305